Ein Zimmermann in der Wüste

Ein Zimmermann in der Wüste

Es begab sich aber vielleicht auch ...

Eine heitere Exegese neutestamentlicher Begebenheiten

von Helmut Barthel

MAI Verlag

Bibliografische Information der Deutschen Nationalbibliothek:
Die Deutsche Nationalbibliothek verzeichnet diese Publikation in der Deutschen Nationalbibliografie;
detaillierte bibliografische Daten sind im Internet über
http://dnb.d-nb.de abrufbar.

Helmut Barthel, "Ein Zimmermann in der Wüste"

Rechte für diese Ausgabe:
MA-Verlag, Stelle-Wittenwurth
ma-verlag@gmx.de
2. Auflage 2016

Satz, Layout und Umschlaggestaltung:
MA-Verlag
Bildnachweis: © MA-Verlag

Herstellung:
tredition GmbH, Halenreie 40-44, 22359 Hamburg

ISBN 978-3-925718-35-9

Der Himmel nimmt seinen Anfang über unseren Köpfen, aber dort endet er auch, ebenso wie die Erde unter unseren Füßen beginnt und auch dort endet. Fügt euch dem Himmel nicht und folgt nicht der Erde …

Inhalt

1. Keine Wüste ohne Wasser

37 Jesus aber sprach zu ihm: "Du sollst lieben Gott,
deinen Herrn, von ganzem Herzen, von ganzer Seele
und von ganzem Gemüte." (5. Mose 6,5)
38 Dies ist das vornehmste und größte Gebot.
39 Das andere aber ist dem gleich: "Du sollst deinen
Nächsten lieben wie dich selbst." (3. Mose 19,18)
40 In diesen zwei Geboten hängt das ganze Gesetz
und die Propheten.

(Neues Testament, Matthäus Evangelium, Kapitel 22, Vers 37-40. Das größte Gebot)

Und einer der bibelfesten Nachkommen fragte: "Meister, was bedeutet lieben ..."

Der Nazarener aber sagte und sprach: "Teile das Wasser der Oase, und es wird ein Mittel der Herrschaft und der Unterwerfung sein. Es würde die Ursache für Elend, Not und Qualen werden und nicht eine Quelle des Lebens, der Erfüllung, der Freude und der Kraft. Teile deine Seele, dein Tun und dein Streben und du schaffst die Grundlagen für den Vergleich und die Unterscheidung, für Zwietracht und für Zwang.

Irgend jemand hat einmal gesagt: "Liebe deinen Nächsten wie dich selbst."

Ich aber sage dir: Liebe deinen Nächsten, nicht dich selbst.

Den anderen zu lieben wie sich selbst, ist wie der Hunger, der dich zum Brot führt.

Den anderen aber zu lieben und nicht sich selbst, ist wie das Brot, das sättigt und die Herrschaft des Hungers bricht.

Sich selbst zu lieben ist wie ein Faß ohne Boden und ein Abgrund ohne Ufer.

Den anderen zu lieben, ist wie ein Faß, das geleert und gefüllt werden kann und wie ein Ufer, das vor dem Abgrund bewahrt."

2. Konspiration mit dem Wind

1 Es war aber ein Mensch unter den Pharisäern mit
Namen Nikodemus, ein Oberster unter den Juden.
2 Der kam zu Jesus bei der Nacht und sprach zu ihm:
Meister, wir wissen, daß du bist ein Lehrer von Gott
gekommen; denn niemand kann die Zeichen tun, die
du tust, es sei denn, Gott mit ihm.
3 Jesus antwortete und sprach zu ihm: Wahrlich,
wahrlich, ich sage dir: Es sei denn, daß jemand von
neuem geboren werde, so kann er das Reich Gottes
nicht sehen.
4 Nikodemus spricht zu ihm: Wie kann ein Mensch
geboren werden, wenn er alt ist? Kann er auch wie-
derum in seiner Mutter Leib gehen und geboren wer-
den?
5 Jesus antwortete: Wahrlich, wahrlich, ich sage dir: Es
sei denn, daß jemand geboren werde aus Wasser und
Geist, so kann er nicht in das Reich Gottes kommen.
6 Was von Fleisch geboren wird, das ist Fleisch, und
was vom Geist geboren wird, das ist Geist.
7 Laß dich "s nicht wundern, daß ich dir gesagt habe:
Ihr müsset von neuem geboren werden.
8 Der Wind bläst, wo er will, und du hörst sein Sausen
wohl, aber du weißt nicht, woher er kommt und wohin
er fährt. So ist ein jeglicher, der aus dem Geist geboren
ist.
9 Nikodemus antwortete und sprach zu ihm: Wie kann
solches zugehen?
10 Jesus antwortete und sprach zu ihm: "Bist du ein
Meister in Israel und weißt das nicht?

11 Wahrlich, wahrlich, ich sage dir: Wir reden, was wir
wissen, und bezeugen, was wir gesehen haben; ihr aber
nehmt unser Zeugnis nicht an.
12 Glaubt ihr nicht, wenn ich zu euch von irdischen Din-
gen sage, wie werdet ihr glauben, wenn ich zu euch von
himmlischen Dingen sage?
13 Und niemand fährt gen Himmel, denn der vom
Himmel niedergekommen ist, nämlich des Menschen
Sohn.

(Neues Testament, Johannes Evangelium, Kapitel 3, Vers 1-13, Jesus und Nikodemus)

Er kam heimlich, und er kam in der Nacht, ließ ihm doch sein Auftrag keine andere Wahl. "Wir wissen", sprach er den Unruhestifter an, "du kämpfst für die gleiche Sache wie wir, wie sonst solltest du so einflußreich und beliebt bei den Menschen sein?"

Der Angesprochene wußte nur zu gut, daß es um den Widerstand gegen die römische Besatzung ging, und entgegnete ohne Umschweife: "Solange ihr noch an überkommenen Ansprüchen und Vorstellungen festhaltet und in der Hauptsache an die eigene Herrschaft denkt, werdet ihr nie die Freiheit von euren Feinden und Euresgleichen erringen."

Darauf meinte der heimlich Gesandte: "Wie die Freiheit denn gebrauchen ohne Recht und Gesetz, ohne Besitzstand und Arbeit? Wie sollten wir sie schützen, wenn nicht durch eine starke Ordnung, auf daß sie uns nicht genommen werde?"

Der Nazarener aber sagte und sprach:

"Nur diejenigen, die in Bewegung bleiben, weil sie nicht durch Besitz und Beteiligung gefesselt sind, werden für diese Freiheit auch geboren. Sie sind wie das Wasser, das, durch nichts zu entzweien, überall hingelangt, und ihre Macht ist wie der Wind, der durch nichts zu halten, zu brechen, vorherzusagen oder einzufangen ist. Die Wahrheit ist, daß du und die Deinen eine solche Freiheit ebenso fürchten wie der Feind, der unser Land besetzt hält.

Von mir könnt ihr auch nicht mehr erfahren als das, was ihr längst bemerkt habt. Der Geist der Freiheit ist wie der Wind, ihr hört sein Sausen wohl und allerorten, aber ihr werdet ihn nicht packen können, weder durch ein heimliches Bündnis noch, indem ihr mich tötet.

Es liegt in der Natur dieses Geistes, daß er vom Reichtum weder bestochen noch beeindruckt werden kann. Ihr hört ihn wohl kommen und greift nach seinem Echo, aber ihr könnt ihn oder die Seinen nicht treffen, weil ihr seine Heimat nicht kennt und seine Freiheit nicht versteht. Ihr wißt nicht, wo er herkommt, und ihr seid außerstande zu sagen, wann er euch trifft. Niemand kann für die ganze Freiheit kämpfen oder für sie einstehen, es sei denn, er hat sie bereits erreicht.

Ausschließlich der in Freiheit geborene Mensch hält sie für andere bereit und nur diejenigen, die aus der Heimatlosigkeit des Wassers und dem Geist der Land- und Besitzlosen ihre Aufmerksamkeit auf das Schicksal der Menschen richten, können diese Sicherheit und Klarheit in ihren Taten erreichen. Denn wahrhaftig, ich sage dir, die von Vorteilsstreben, Vergleichen, Besitzständen und Berechenbarkeit geborenen Ideen und Wünsche können nur geteilte, kalkulierte und zu Unterschieden geordnete Ideen und Verhältnisse gebären. Allein der Geist der Heimat- und Besitzlosen könnte die Freiheit von allen Vorteilen und Nachteilen und von allen Herrschaftsordnungen und Unterwerfungen gebären."

3. Die Wahrheit schweigt, das Wort macht frei

31 Da sprach nun Jesus zu den Juden, die an ihn glaub-
ten: Wenn ihr bleiben werdet an meiner Rede, so seid
ihr in Wahrheit meine Jünger
32 und werdet die Wahrheit erkennen, und die Wahr-
heit wird euch frei machen.
33 Da antworteten sie ihm: Wir sind Abrahams Kinder
und sind niemals jemandes Knecht gewesen. Wie
sprichst du denn: Ihr sollt frei werden?
34 Jesus antwortete ihnen: Wahrlich, wahrlich, ich sage
euch: Wer Sünde tut, der ist der Sünde Knecht.
35 Der Knecht aber bleibt nicht ewiglich im Hause; der
Sohn bleibt ewiglich.
36 Wenn euch nun der Sohn frei macht, so seid ihr
recht frei.

(Neues Testament, Johannes Evangelium, Kapitel 8, Vers 31-36, Die Wahrheit macht frei)

Der Nazarener erweckte durch seine Reden und sein Auftreten das Interesse des Volkes, und als sie sich ihm zuwandten und lauschten, sprach er und sagte:

"Wenn ich nun sage, stellt euch gegen die Furcht und die Unterdrücker und unterwerft euch nicht im Allerkleinsten, und ihr erinnert und haltet euch fortan an mein Wort, so werdet ihr nicht mehr zu täuschen und zu beherrschen sein, und das wird euch frei machen."

Da wunderten sich die Leute und fragten ihn:

"Wir alle sind Kinder Abrahams, sein Volk und keine Knechte. Wie sollten wir noch freier werden?"

Der Nazarener aber antwortete und sprach:

"Wer der Furcht vor den Mächtigen aus dem Wege geht, dient ihrer Vorherrschaft. Er bleibt nichts als ein Diener, Nutznießer und Knecht und ist der Furcht, ihren Drohungen und ihren Versprechungen erlegen. Hinweggeschwemmt und ohne jeden Bestand wird er für immer ihrem flüchtigen und wechselhaften Wesen verbunden und unterworfen bleiben. Er wird keinen Anfang und kein Ende finden.

Ich aber stelle mich den Mächtigsten und Stärksten gleich und fürchte sie nicht. Niemals können sie mich aus unserem gemeinsamen Hause verjagen. Wenn ihr nun meine Brüder und Schwestern seid, so werdet ihr so frei und daheim sein wie ich."

4. Kapernaum oder das Wunder der Ernüchterung

1 Nachdem aber Jesus vor dem Volk ausgeredet hatte, ging er nach Kapernaum.
2 Und eines Hauptmannes Knecht, den er wert hielt, lag todkrank.
3 Da er aber von Jesus hörte, sandte er die Ältesten der Juden zu ihm und bat ihn, daß er käme und seinen Knecht gesund machte.
4 Da sie aber zu Jesus kamen, baten sie ihn mit Fleiß und sprachen: Er ist es wert, dass du ihm das erzeigest,
5 denn er hat unser Volk lieb, und die Synagoge hat er uns erbaut.
6 Jesus aber ging mit ihnen hin. Als er aber nicht mehr ferne von dem Hause war, sandte der Hauptmann Freunde zu ihm und ließ ihm sagen: Ach Herr, bemühe dich nicht; ich bin nicht wert, daß du unter mein Dach gehest;
7 darum habe ich auch mich selbst nicht würdig geachtet, daß ich zu dir käme; sondern sprich ein Wort, so wird mein Knecht gesund.
8 Denn auch ich bin ein Mensch, der Obrigkeit untertan, und habe Kriegsknechte unter mir; und spreche ich zu einem: Gehe hin!, so geht er; und zum andern: Komm her!, so kommt er; und zu meinem Knecht: Tu das!, so tut er's.
9 Da aber Jesus das hörte, verwunderte er sich über ihn und wandte sich um und sprach zu dem Volk, das ihm nachfolgte: Ich sage euch: Solchen Glauben habe ich in ganz Israel nicht gefunden.

10 Und als die Boten wieder nach Hause kamen, fanden sie den Knecht gesund.

(Neues Testament, Lukas Evangelium, Kapitel 7, Vers 1-10, Der Hauptmann von Kapernaum)

Ein Hauptmann sprach die Schüler und Anhänger des Nazareners an und sagte: "Wenn ihr so vielwissend seid und euch mit Lebensfragen so gut auskennt, dann sagt mir doch bitte, wie bekomme ich meinen vertrauten Diener wieder auf die Beine, der seit einigen Tagen mit schmerzenden und unbeweglichen Gelenken danieder liegt?"

"Nun", antworteten diese, "unser Meister kann ihn doch in deinem Hause aufsuchen, um dir und deinem Diener zu helfen, dessen Gesundheit wiederherzustellen."

"Weder um Hilfe noch nach einem Besuch eures Meisters habe ich gefragt, sondern ich habe den Rat eurer kenntnisreichen Gemeinschaft gesucht."

Der Nazarener hatte aufmerksam zugehört und sprach zu dem Hauptmann: "Du brauchst weder einen Rat noch irgendeine Hilfe, denn du weißt offensichtlich gut, was du willst und was du tust. Handle also auch danach."

Der Hauptmann sah sich verstanden, bedankte sich für die Mahnung und machte sich auf den Heimweg.

Der Nazarener aber sprach zu seinen Freunden und sagte: "Seht, sein Verstand und seine Zweifel haben seinem Diener und ihm wahrhaft genutzt."

Viele wollen auch erfahren haben, daß der Diener dieses Hauptmannes unerwartet schnell wieder auf die Beine kam.

5. Zwischenmahlzeit

1 Danach fuhr Jesus weg über das Galiläische Meer,
daran die Stadt Tiberias liegt.
2 Und es zog ihm viel Volks nach, darum, daß sie
die Zeichen sahen, die er an den Kranken tat.
3 Jesus aber ging hinauf auf den Berg und setzte
sich daselbst mit seinen Jüngern.
4 Es war aber nahe Ostern, der Juden Fest.
5 Da hob Jesus seine Augen auf und sieht, daß viel
Volks zu ihm kommt, und spricht zu Philippus: Wo
kaufen wir Brot, daß diese essen?
6 Das sagte er aber, ihn zu prüfen; denn er wußte
wohl, was er tun wollte.
7 Philippus antwortete ihm: Für zweihundert Sil-
bergroschen Brot ist nicht genug unter sie, daß ein
jeglicher ein wenig nehme.
8 Spricht zu ihm einer seiner Jünger, Andreas, der
Bruder des Simon Petrus:
9 Es ist ein Knabe hier, der hat fünf Gerstenbrote
und zwei Fische; aber was ist das unter so vielen?
10 Jesus aber sprach: Schaffet, daß sich das Volk
lagere. Es war aber viel Gras an dem Ort. Da la-
gerten sich bei fünftausend Mann.
11 Jesus aber nahm die Brote, dankte und gab sie
denen, die sich gelagert hatten; desgleichen auch
von den Fischen, wieviel sie wollten.
12 Da sie aber satt waren, sprach er zu seinen Jün-
gern: Sammelt die übrigen Brocken, daß nichts
umkomme.

13 Da sammelten sie und füllten von den fünf Gerstenbroten zwölf Körbe mit Brocken, die übrigblieben denen, die gespeist worden.

(Neues Testament, Johannes Evangelium, Kapitel 6, Vers 1-13, Speisung der Fünftausend)

Die vielen Menschen, die ihm aus der Stadt und den Dörfern gefolgt waren, sammelten sich wie ein verwirrtes Rudel Wölfe an dem Ort, an dem er sich niederließ, und es waren einige Tausend. Der Erwartung und Unruhe dieser von Furcht, Hoffnung und Not getriebenen Menschen trat er mittellos und doch mit großer Zuversicht und tiefem Begreifen entgegen, indem er sich allen zuwandte und mit ihnen sprach. Es mußten viele Fragen und noch mehr Antworten in den endlosen Augenblicken seines Zwiegesprächs mit einem jeden der mehrere tausend Zählenden gewesen sein, die den Ausschlag gaben, irgendwann im großen Einvernehmen seiner Einladung zu folgen, doch in kleineren Gruppen das Gespräch fortzusetzen, und so verteilten sie sich bald auf die große Ebene mit dem lagerweichen, frischen Gras.

Der Abend war nah, und er gab seinen skeptischen Schülern die Anweisung, ihre für sie selbst kaum ausreichenden Brot- und Fischvorräte gleichmäßig an alle Gruppen zu verteilen.

Als die Schüler, um nach dem Rechten zu sehen, noch einmal über die große Lagerstätte liefen, trafen sie jede Gruppe bei bester Laune und üppigem Mahle an.

Zur Verwunderung und zum Erstaunen blieb kaum die Zeit, denn sie sammelten bald darauf die Überreste jener Mahlzeit der Tausenden ein, damit kein Lebensmittel umkommen konnte oder verloren ging. Zusammengetragen waren die Überbleibsel dieses fröhlichen Verzehrs die mehrfache Menge von dem, was sie auf das Geheiß ihres Lehrers verteilt hatten.

"Seht ihr", sprach der Nazarener nun zu seinen Schülern, "schon ein kurz gelebtes Beispiel furchtlosen Lebens und ergriffenen Zusammenseins in ungetrübter Offenheit öffnet ihre Taschen und die Falten ihrer Gewänder zu dieser konkurrenz- und herrschaftsfreien Wirklichkeit brüderlicher und schwesterlicher Nähe fröhlichen Teilens."

6. Da wundert sich der Wein

1 Und am dritten Tage war eine Hochzeit zu Kana in
Galiläa, und die Mutter Jesu war da.
2 Jesus aber und seine Jünger wurden auch auf die
Hochzeit geladen.
3 Und da es an Wein gebrach, spricht die Mutter Jesu
zu ihm: Sie haben nicht Wein.
4 Jesus spricht zu ihr: Weib, was geht 's dich an, was
ich tue? Meine Stunde ist noch nicht gekommen.
5 Seine Mutter spricht zu den Dienern: Was er euch
sagt, das tut.
6 Es waren aber allda sechs steinerne Wasserkrüge
gesetzt nach der Sitte der jüdischen Reinigung, und
es gingen in jeden zwei oder drei Maß.
7 Jesus spricht zu ihnen: Füllet die Wasserkrüge mit
Wasser! Und sie füllten sie bis obenan.
8 Und er spricht zu ihnen: Schöpfet nun und bringet
's dem Speisemeister! Und sie brachten 's.
9 Als aber der Speisemeister kostete den Wein, der
Wasser gewesen war, und wußte nicht, woher er
kam - die Diener aber wußten 's, die das Wasser geschöpft hatten -, ruft der Speisemeister den Bräutigam
10 und spricht zu ihm: Jedermann gibt zuerst den
guten Wein und, wenn sie trunken geworden sind,
alsbald den geringern; du hast den guten Wein bisher behalten.
11 Das ist das erste Zeichen, das Jesus tat, geschehen
zu Kana in Galiläa und offenbarte seine Herrlichkeit.
Und seine Jünger glaubten an ihn.

12 Danach zog er hinab nach Kapernaum, er, seine
Mutter, seine Brüder und seine Jünger, und blieben
nicht lange daselbst.

(Neues Testament, Johannes Evangelium, Kapitel 2, Vers 1-12, Hochzeit zu Kana)

Mangel an jedem und allem, besonders an Wein und süßen Getränken, war wohl die Ursache für den wachsenden Unmut und die zunehmend gedrückte Stimmung unter den vielen Gästen einer groß angelegten Hochzeitsfeier. Wohl auch deshalb beklagten sich die Bediensteten und Helfer über eine kleine Gruppe von Gästen, die sich etwas abseits von den anderen aufs beste vergnügten und sich aufs rücksichtsloseste fröhlich und ausgelassen gaben, derweil die übrigen Teilnehmer der Feier fast schweigend und abwartend der mangelhaften Bewirtung und dem Umstand schlechter Zeiten grimmige Rechnung trugen.

Die Gastgeberin begab sich also zu ihrem gerade heimgekehrten Sohn, der, unbekümmert mit seinen Freunden in eben jener fröhlichen Runde in intensivste Gespräche vertieft, offenbar in keiner Weise von den Sorgen einer mißlingenden Hochzeitsfeier angerührt werden konnte. Sie teilte ihm ihre Sorgen vom ausgehenden Wein und der schlechter werdenden Stimmung unter den Gästen mit, damit er sich an ihre Seite stelle und sie unterstütze.

Er jedoch entgegnete ihr: "Ich bin soeben erst heimgekehrt und zu nichts nutze oder imstande. Meine Freunde und ich bedürfen keiner Bewirtung und Unterhaltung, und wenn wir nicht stören, so laß uns doch unseren Spaß."

"Darum geht 's doch", sprach sie und wies die Bediensteten und Helfer an, auf alles zu achten, was ihr Sohn tat und sagte, und sich sonst um nichts mehr zu sorgen.

Schnell aber wurden die Knechte, die Helfer und bald auch immer mehr Gäste, durch den Auftritt der Gastgeberin aufmerksam geworden, zu neugierigen und höchst interessierten Zuhörern oder gar Teilnehmern jener Gespräche, die nun der Nazarener mit seinen Freunden im anwachsenden Kreise fortsetzte, als wäre nichts geschehen. Selbst seine Mutter begann sich unter die Zuhörer und Gesprächsführer zu mischen, um eifrig mitzudiskutieren.

Als sich kaum noch jemand den Worten des Nazareners und den Einwendungen, Fragen und Gedanken mehr zu entziehen vermochte, und ein jeder darüber fast die Zeit, das Essen und das Trinken vergaß, sagte der Nazarener nach einigen Stunden und sprach:

"Laßt uns Wasser schöpfen, unseren Durst zu stillen, und die Reste der Speisen zusammentragen, sie zu verzehren, daß wir zum guten Schluß dieses Zusammentreffens unsere Gedanken festigen und ihnen jene Flügel verleihen, mit denen sie uns selbst über die Strecke dieses Augenblicks unbeschadet und gestärkt hinwegzutragen vermögen. Laßt uns mit dem Zugewinn besiegter Erwartungen und Enttäuschungen wuchern, damit wir das Himmelreich neuer Ideen und Aussichten unter uns und den übrigen Menschen nähren und vermehren können."

Noch Jahre später hieß es: Bei dieser Hochzeit zu Kana wurde aus dem Wasserbrunnen Wein geschöpft.

7. Streit vollendet

38 Ihr habt gehört, daß da gesagt ist (2. Mose 21, 24):
"Auge um Auge, Zahn um Zahn."
39 Ich aber sage euch, daß ihr nicht widerstreben
sollt dem Übel; sondern, wenn dir jemand einen
Streich gibt auf deine rechte Backe, dem biete die
andere auch dar.
40 Und wenn jemand mit dir rechten will und dei-
nen Rock nehmen, dem laß auch den Mantel.
41 Und wenn dich jemand nötigt eine Meile, so ge-
he mit ihm zwei.
42 Gib dem, der dich bittet, und wende dich nicht
von dem, der dir abborgen will.
43 Ihr habt gehört, daß gesagt ist (3. Mose 19,18):
"Du sollst deinen Nächsten lieben und deinen
Feind hassen."
44 Ich aber sage euch: "Liebet eure Feinde; [segnet,
die euch fluchen; tut wohl denen, die euch hassen;]
bittet für die, so euch [beleidigen und] verfolgen,
45 auf daß ihr Kinder seid eures Vaters im Himmel.
Denn er läßt seine Sonne aufgehen über die Bösen
und über die Guten und läßt regnen über Gerechte
und Ungerechte.
46 Denn wenn ihr liebet, die euch lieben, was wer-
det ihr für Lohn haben? Tun nicht dasselbe auch die
Zöllner?
47 Und wenn ihr nur zu euren Brüdern freundlich
seid, was tut ihr Sonderliches? Tun nicht dasselbe
auch die Heiden?

48 Darum sollt ihr vollkommen sein, gleichwie euer
Vater im Himmel vollkommen ist."

(Neues Testament, Matthäus Evangelium, Kapitel 5, Vers 38-48 Von der Feindesliebe)

"Ihr habt gehört, daß da gesagt ist (2. Mose 21,24): 'Auge um Auge, Zahn um Zahn'. Oh, ihr kleingeistigen Dattelkernezähler mit eurer gnadenlosen Aufrichtigkeit, denn ich sage euch, daß ihr nicht widerstreben sollt dem Übel; sondern wenn dir jemand einen Streich gibt auf deine rechte Backe, dem biete die andere auch dar. Wie sonst sollte ihn die Konsequenz und die Wucht deines vollen Gegenschlages überraschen, mit dem du ihm die Achtung und die Gelegenheit verschaffst, noch einmal von vorn anzufangen.

Und wenn jemand mit dir rechten will und deinen Rock nehmen, dem laß auch den Mantel, damit er das Ungeheuer, das sich darin verbirgt, vollkommen erkennen wird und sich wünscht, lieber erfroren zu sein.

Und wenn dich jemand nötigt eine Meile, so gehe mit ihm zwei, damit er danach inständig hofft, dir nie wieder begegnen zu müssen.

Gib dem, der dich bittet, und wende dich nicht von dem, der dir abborgen will und tue das gründlich, damit er dir zukünftig alles schenken und geben würde, um dich nie wieder bitten zu müssen.

Ihr habt gehört, daß gesagt ist (3. Mose 19,18): 'Du sollst deinen Nächsten lieben und deinen Feind hassen.' Ich aber sage euch: Liebet eure Feinde; [segnet, die euch fluchen; tut wohl denen, die euch hassen;] bittet für die, so euch [beleidigen und] verfolgen, auf daß ihr Kinder seid eures Vaters im Himmel. Besser könntet ihr eure Feinde nicht treffen, um ihnen derartige Schmerzen zu bereiten, daß sie gewiß nicht mehr eure Feinde bleiben wollen. Denn euer Haß würde zu kurz greifen, um ihnen nicht ihre feindliche Gesinnung zu erhalten.

Gott läßt seine Sonne aufgehen über die Bösen und über die Guten und läßt regnen über Gerechte und Ungerechte. Denn wenn ihr liebet, die euch lieben, was werdet ihr für Lohn haben? Tun nicht dasselbe auch die Zöllner? Und wenn ihr nur zu euren Brüdern freundlich seid, was tut ihr Sonderliches? Tun nicht dasselbe auch die Heiden? Darum sollt ihr vollkommen sein, gleichwie euer Vater im Himmel vollkommen ist. Denn er hat euch verstoßen und zurückgelassen, auf daß ihr ihn anbetet und verehrt. Nach seinem Bilde geformt, will er euch prüfen, ob ihr gelungen seid und ihm tatsächlich gleicht.

Grausam, eigennützig, unbarmherzig und gleichgültig ist seine Ähnlichkeit mit euch doch trefflich geglückt, denn die Bahn, welche die Sonne über das Elend der Welt zieht, der Regen, der die Schmerzen und das Wehklagen der Kreaturen näßt und bedeckt wie auch das Schicksal andauernder Vergeblichkeit aller anderen Geschöpfe, aus seinen Pfützen und Sümpfen geboren und durch das Licht der Sonne erwärmt, läßt sich kaum besser begreifen. Vielleicht seid ihr jenem Auge Gottes am nächsten, mit dem er wohlwollend eure Fortschritte bei der Unterwerfung der Erde betrachtet, wie er euren Rückstand an Härte und Anpassung durch den Regen mit ihm beweint."

8. Begünstigt sind die Zornigen

20 Und er hob seine Augen auf über seine Jünger und
sprach: Selig seid ihr Armen; denn das Reich Gottes ist
euer.
21 Selig seid ihr, die ihr hier hungert; denn ihr sollt satt
werden. Selig seid ihr, die ihr hier weinet; denn ihr
werdet lachen.
22 Selig seid ihr, so euch die Menschen hassen und
euch ausstoßen und schelten euch und verwerfen eu-
ren Namen als einen bösen um des Menschensohnes
willen.
23 Freuet euch an jenem Tage und frohlocket; denn
siehe, euer Lohn ist groß im Himmel. Desgleichen ta-
ten ihre Väter den Propheten auch.

(Neues Testament, Lukas Evangelium, Kapitel 6, Vers 20-23, Seligpreisungen)

Und er hob seine Augen auf über seine Schüler und sprach:

"In Wahrheit sind die Armen stark, denn sie haben nichts zu verlieren. Ihr Hunger lehrt sie die Sättigung und die Kraft des angestauten Zornes, und er ist unverdorben vom Schlingen, Prassen und Verschwenden. Nur solche, welche Tränen und Schmerzen kennen, wissen, wofür sie kämpfen und sind fähig, von Herzen zu lachen. Unbeugsam sind sie, wenn sie um dieser Wahrheiten willen beschimpft, gehaßt und verworfen werden, denn die Reichen und Gewaltigen fürchten ihren Aufstand. Laßt euch diese Gewißheiten nicht nehmen, denn ihr könnt euch des Sieges sicher sein. Schon immer mußten sich die Unterdrückten selbst befreien."

9. Feiert und steht euch nicht im Wege

14 Und er trieb einen bösen Geist aus, der war stumm.
Und es geschah, als der Geist ausfuhr, da redete der
Stumme. Und das Volk verwunderte sich.
15 Etliche aber unter ihnen sprachen: Er treibt die bö-
sen Geister aus durch Beelzebub, ihren Obersten.
16 Andere aber versuchten ihn und begehrten von ihm
ein Zeichen vom Himmel.
17 Er aber erkannte ihre Gedanken und sprach zu ih-
nen: Ein jegliches Reich, wenn es mit sich selbst uneins
wird, das wird wüste und ein Haus fällt über das andre.
18 Ist aber der Satan auch mit sich selbst uneins, wie
will sein Reich bestehen? weil ihr saget, ich treibe die
bösen Geister aus durch Beelzebub.
19 Wenn aber ich die bösen Geister durch Beelzebub
austreibe, durch wen treiben eure Söhne sie aus? Dar-
um werden sie eure Richter sein.
20 Wenn ich aber durch Gottes Finger die bösen
Geister austreibe, so ist ja das Reich Gottes zu euch
gekommen.

(Neues Testament, Lukas Evangelium, Kapitel 11, Vers 14-20, Jesus Macht über die bösen Geister)

Seit man sich erinnern konnte, hatte dieser Mann mit niemandem aus dem Dorf je gesprochen oder ein Wort gewechselt. Lange schon hatten sich alle damit abgefunden. Kaum aber, daß er den Nazarener traf, hatte dieser ihn auch bald schon in ein intensives Gespräch verwickelt.

Das erstaunte die Gemeinde und machte sie mißtrauisch. Sie fragten den Nazarener sogleich danach, ob er dem Schweigsamen irgendetwas angeboten oder versprochen hatte, das ihn veranlassen konnte, aus seiner tiefen Verweigerung wieder unter die Sprechenden zurückzukehren, oder ob er gar von diesem Dinge über das Dorf und seine Bewohner erfahren hätte, die keinen Außenstehenden auch nur das geringste etwas angingen.

Der Nazarener fragte seine aufgebrachten und erregten Gastgeber und die übrigen Dorfbewohner:

"Wie sollte ich jemandem etwas versprechen und anbieten können, der bereits mit dem, worüber er gebietet, heillos überfordert war, und wie sollte ich jemanden gegen meine Gastgeber und seine Familie aufwiegeln, wenn er sich gerade um seiner

Loyalität willen zum Ärgsten durchringt, was er zu leisten vermöchte, nämlich mit dem hochangesehenen Gast seines Dorfes zu sprechen?

Ist das nicht ein Zeichen, daß ihr euch in mir als auch in ihm nicht getäuscht habt, und ist es nicht eine ausgesprochene Freude für die Familie und ein Grund für das Dorf, ein Fest zu feiern?"

10. Mächtig sind die Hilflosen

21 Wenn ein Starker gewappnet seinen Palast be-
wacht, so bleibt das Seine in Frieden.
22 Wenn aber ein Stärkerer über ihn kommt und
überwindet ihn, so nimmt er ihm seinen Harnisch,
darauf er sich verließ, und teilt den Raub aus.
23 Wer nicht mit mir ist, der ist wider mich; und wer
nicht mit mir sammelt, der zerstreut.
24 Wenn der unsaubere Geist von dem Menschen
ausfährt, so durchwandelt er dürre Stätten, sucht Ruhe
und findet sie nicht; so spricht er: Ich will wieder um-
kehren in mein Haus, daraus ich gegangen bin.
25 Und wenn er kommt, so findet er 's gekehrt und
geschmückt.
26 Dann geht er hin und nimmt sieben andere Geister
zu sich, die ärger sind als er selbst; und wenn sie hin-
einkommen, wohnen sie da, und es wird hernach mit
demselben Menschen ärger als zuvor.
27 Und es begab sich, da er solches redete, erhob eine
Frau im Volk die Stimme und sprach zu ihm: Selig ist
der Leib, der dich getragen hat, und die Brüste, die du
gesogen hast.
28 Er aber sprach: Ja, selig sind, die das Wort Gottes
hören und bewahren.

(Neues Testament, Lukas Evangelium, Kapitel 11, Vers 21-28, Jesu Macht über die bösen Geister und Wort über Jesu Mutter)

Und der Nazarener erklärte den Dorfbewohnern weiter:

"Wenn aber einer kommt wie ich und die Ruhe des Dorfes stört, weil er stärker ist als euer Herrscher, so beraubt er ihn seiner Macht und teilt sie mit euch, sofern er auf eurer Seite steht und ihr auf seiner. Wenn er aber nur ein Räuber gleich dem Herrscher ist, den er bezwungen hat, dann läßt er nach Nutzen und Gebrauch das Dorf schutzloser und einladender für den alten Tyrannen und seine neuen Gefolgsleute zurück, als es zuvor gewesen ist. Dieser wird dann wiederkehren und mit seinen Vasallen furchtbare Rache üben, und die Lage der Menschen wird schlimmer werden als sie es jemals war."

Eine arme Frau rief voller Freude aus:

"Wie stolz muß eine Mutter sein, die einen solchen Sohn gebar und aufzog, der den Menschen Worte und Taten der Befreiung bringen kann."

Der Nazarener antwortete ihr und sprach:

"Ich bin froh zu sehen, daß wenigstens die Benachteiligten verstehen, worum es tatsächlich geht und worauf es ankommt."

11. Nach Zielen zu trachten, heißt Wege verachten

22 Und er ging durch Städte und Dörfer und lehrte und
nahm seinen Weg nach Jerusalem.
23 Es sprach aber einer zu ihm: Herr, meinest du, daß
wenige selig werden? Er aber sprach zu ihnen:
24 Ringt danach, daß ihr durch die enge Pforte eingehet;
denn viele werden, das sage ich euch, danach trachten,
wie sie hineinkommen, und werden 's nicht können.
25 Von da an, wenn der Hausherr aufgestanden ist und
die Tür verschlossen hat und ihr dann anfanget, draußen
zu stehen und an die Tür zu klopfen und zu sagen: Herr,
tu uns auf! wird er antworten und zu euch sagen: Ich
kenne euch nicht; wo ihr her seid.
26 So werdet ihr dann anfangen zu sagen: Wir haben vor
dir gegessen und getrunken und auf unsern Gassen hast
du gelehrt.
27 Und er wird zu euch sagen: Ich weiß nicht, wo ihr her
seid; weichet alle von mir, ihr Übeltäter!
28 Da wird sein Heulen und Zähneklappern, wenn ihr
sehen werdet Abraham und Isaak und Jakob und alle
Propheten im Reich Gottes, euch aber hinausgestoßen.
29 Und es werden kommen vom Osten und vom Wes-
ten, vom Norden und vom Süden, die zu Tische sitzen
werden im Reich Gottes.
30 Und siehe, es sind Letzte, die werden die Ersten sein,
und sind Erste, die werden die Letzten sein.

(Neues Testament, Lukas Evangelium, Kapitel 13, Vers 22-30, Vom Ringen ums Seligwerden)

Und viele fragten den Nazarener und sprachen:

"Meinst du nicht, daß nur sehr wenige Menschen auf der Welt in der Lage sind, sich diese Freiheit, dieses Können und Wissen zu verschaffen, zu dem du offensichtlich fähig bist? Bleiben nicht die meisten in ihrer Bescheidenheit und in ihrer Durchschnittlichkeit gefangen?"

Darauf antwortete er ihnen und sagte:

"Jeder von euch hat die Möglichkeit, sich nach bestem Können und Vermögen zu mühen und den Kampf gegen jedes Scheitern immer wieder aufzunehmen. Das genügt, der Freiheit, dem Himmel und der Seele einen Platz in der Welt und dem Menschen einen Platz in der Freiheit und im Himmel zu sichern.

Nur fürchte ich, daß viele von euch, statt sich einfach zu mühen und zu kämpfen, nach sicheren Methoden Ausschau halten, die ihnen zuvor auch den Erfolg garantieren, in die Seligkeit zu gelangen.

Wie sollte der Mensch aber bei allem Ausschauhalten und Trachten nach Sicherheiten und Garantien nicht das wesentliche vergessen und so seines einzigen Vermögens, kämpfen zu können, verlustig gehen?

Gleich wie lange und intensiv ihr danach trachtet oder Vermutungen darüber anstellt, ob und wie sicher ihr einen Kampf bestehen könnt, den ihr doch nicht kämpft, ihr werdet deshalb nicht einmal die Gelegenheit erlangen zu wissen, wer dabei die Ersten und wer die Letzten sind."

12. Der Himmel bringt die Tatkraft nicht, die Tatkraft schafft den Himmel

18 Er sprach aber: Wem ist das Reich Gottes gleich, und
wem soll ich 's vergleichen?
19 Es ist einem Senfkorn gleich, welches ein Mensch
nahm und warf 's in seinen Garten; und es wuchs und
ward ein Baum, und die Vögel des Himmels wohnten
unter seinen Zweigen.
20 Und abermals sprach er: Wem soll ich das Reich
Gottes vergleichen?
21 Es ist einem Sauerteig gleich, welchen ein Weib
nahm und vermengte ihn unter drei Scheffel Mehl, bis
daß es ganz durchsäuert ward.

(Neues Testament, Lukas Evangelium, Kapitel 13, Vers 18-21, Vom Senfkorn und Sauerteig)

Der Nazarener sprach aber:

"Wem ist das Reich des Himmels gleich, und wem soll ich 's vergleichen? Es ist einem Senfkorn gleich, welches ein Mensch nahm und warf 's in seinen Garten; und es wuchs und ward ein Baum, und die Vögel des Himmels wohnten unter seinen Zweigen."

Und abermals sprach er:

"Wem soll ich das Himmelreich vergleichen? Es ist einem Sauerteig gleich, welchen ein Weib nahm und vermengte ihn unter drei Scheffel Mehl, bis daß es ganz durchsäuert ward."

"Sollen wir uns denn den Gesetzen des Himmels über uns beugen und uns den Regeln der Natur unterwerfen?", wollten viele von denen wissen, die ihm aufmerksam gelauscht hatten.

Er aber antwortete ihnen und sagte:

"Ganz im Gegenteil. Der Himmel nimmt seinen Anfang über unseren Köpfen, aber dort endet er auch, ebenso wie die Erde unter unseren Füßen beginnt und auch dort endet. Fügt euch dem Himmel nicht und folgt nicht der Erde. Fügt dem Reigen von Verzehr und Verbrauch nicht das Eure hinzu und nährt euch nicht von seinem Reichtum. Setzt vielmehr mit aller Entschiedenheit dem Übrigen und Möglichen alles das entgegen, was ihr über Himmel und Erde nicht wißt und was es ohne euren Widersinn nicht gibt, damit das menschliche Antlitz, der Himmel und die Erde nichts Verschiedenes mehr sein müssen.

Gleich wie das Senfkorn zu einem wuchtigen Gewächs erblüht, in dem die Vögel leben und die Menschen Schatten finden, und der Sauerteig das Mehl zu schmackhaftem Brot aufbaut und wandelt, wie sollte sich ein Mensch da noch vom anderen scheiden oder über ihn herrschen und ihn berauben, ohne sich selbst das Leben zu stehlen? Beginnt nicht der Himmel dort, wo der Mensch, ohne zu stören und die eigene Art zu bedrohen, seinen Anfang nehmen wird?"

Alle, die dem Nazarener zugehört hatten, wunderten sich sehr, doch keiner wollte weiter gegen ihn reden, denn eine bange Freude hatte jeden von ihnen ergriffen.

13. Wüstennachricht

1 Da ward Jesus vom Geist in die Wüste geführt, auf
daß er von dem Teufel versucht würde.
2 Und da er vierzig Tage und vierzig Nächte gefastet
hatte, hungerte ihn.
3 Und der Versucher trat zu ihm und sprach: Bist du
Gottes Sohn, so sprich, daß diese Steine Brot werden.
4 Und er antwortete und sprach: Es steht geschrieben
(5. Mose 8,3): "Der Mensch lebt nicht vom Brot allein,
sondern von einem jeglichen Wort, das durch den
Mund Gottes geht." *

Dann, nach langer Zeit, fand er sich wieder in der Wüste zwischen Steinen, Geröll und endlosem Sand. Er war hungrig, aber er lebte noch, und alle gutgemeinten Warnungen kamen ihm wieder in den Sinn:

"Verlaß nie dein Dorf oder deine Familie, denn du bist auf sie und sie sind auf dich angewiesen, um das tägliche Brot zu erwerben und den Lebensunterhalt zu sichern. Allein auf dich gestellt in der Wüste kommst du um." Darum leben und arbeiten die Menschen zusammen, der Not zu widerstehen und nicht zu sterben.

So schaute der Nazarener um sich herum und antwortete den inneren Stimmen seines Gedächtnisses: "Gibt es nicht viel triftigere und mächtigere Gründe für das menschliche Beisammensein, als die Not sie diktiert? - Lange bin ich gewandert zwischen Steinen und Geröll, und ich bin nicht verhungert und ich muß sagen, viel wichtiger und aussichtsreicher als die tägliche Mahlzeit scheint mir ein jedes Wort zu sein, das die Menschen miteinander austauschen und untereinander sprechen, weil sie auf diese Weise gewiß der Welt nicht nur das Überleben, die Ernährung, das Begreifen und die Fortentwicklung abgewinnen, sondern auch noch Freude und Freiheit an ihr erlangen."

5 Da führte ihn der Teufel mit sich in die heilige Stadt
und stellte ihn auf die Zinne des Tempels
6 und sprach zu ihm: Bist du Gottes Sohn, so wirf dich
hinab; denn es steht geschrieben (Ps. 91, 11.12): "Er wird
seinen Engeln über dir Befehl tun, und sie werden dich
auf den Händen tragen, auf daß du deinen Fuß nicht
an einen Stein stoßest."
7 Da sprach Jesus zu ihm: Wiederum steht auch geschrieben (5. Mose 6, 16): "Du sollst Gott, deinen Herrn,
nicht versuchen." *

Voll der Freude über sein Begreifen und gestärkt in seinem Inneren fand er sich am Rande einer hohen Sanddüne, und sein lebensfrohes Gemüt ermunterte ihn, herunterzuspringen und zu tollen wie ein Kind.

Dem zu jener Zeit bereits alt gewordenen und versteiften Handwerker, der er einst in seines Vaters Werkstatt gewesen war, wäre so etwas nie eingefallen, und der hätte sich sicher mit solchem Übermut auch großen Schaden zugefügt. Nicht so dieser neuerweckte und in der Wüste geschmiedete Mensch. Es war, als wären alle Gefahren und Widrigkeiten mit ihm im Bunde und könnten ihn in seinem rasenden Lauf die Düne heruntertragen. Da widersetzte er sich seinen Wallungen und dachte: "Ich hätte solches als Zimmermann nicht getan und jetzt, wo ich mich derart stark und kräftig fühle, käme ein unbedarfter Freudenlauf bis in das Dünental hinab der verhaltenen Erprobung und dem bloßen Versuchen meiner neuen Stärke und darum nur ihrem halbherzigen Gebrauch gleich. Doch es gebietet sich, diese Stärke freizuhalten für einen größeren Nutzen."

8 Wiederum führte ihn der Teufel mit sich auf einen
sehr hohen Berg und zeigte ihm alle Reiche der Welt
und ihre Herrlichkeit
9 und sprach zu ihm: Das alles will ich dir geben, so du
niederfällst und mich anbetest.
10 Da sprach Jesus zu ihm: Hebe dich weg von mir,
Satan! denn es steht geschrieben (5. Mose 6, 13): "Du
sollst anbeten Gott, deinen Herrn, und ihm allein die-
nen."
11 Da verließ ihn der Teufel. Und siehe, da traten die
Engel zu ihm und dienten ihm. *

Bald hatte er den Rand der Wüste erreicht und erblickte im Schein der Nachmittagssonne Straßen, Wege, Befestigungen, Gehöfte und Dörfer und in der Ferne sogar eine große Stadt. Und er dachte bei sich: "Bin ich nicht jenen, die sich in den Hütten und Häusern verkriechen, um so vieles voraus mit meinem Wissen aus der Wüste und der Sicherheit, die ich in ihr erwarb, daß, ganz gleich, in welchem Haushalt oder auf welchem Acker ich mich in ihre Reihen fügte, mir mein Können und mein Vermögen alsbald eine höhere Stellung unter ihnen sichern würde, die ich immer weiter auszubauen verstünde."

Aber wie verführerisch ihm die Gedanken an seine Überlegenheit und einen sicheren

Aufstieg auch erschienen, sie waren doch ein Nichts gegen die Möglichkeit, die Menschheit freier und stärker zu machen allein dadurch, daß er seinen ersten Ideen und Gedanken in der Wüste treu verbunden blieb und beschloß, seine ganze neue Kraft für viel mehr als nur sein eigenes Leben einzusetzen und das Wohl seiner Freunde und Mitmenschen in den Mittelpunkt seines Mühens und seiner Achtung zu stellen. Die der Wüste entrungene Unbescheidenheit war das einzige, worauf er nicht verzichten wollte.

(Neues Testament, Matthäus Evangelium, Kapitel 4, Vers 1-11, Jesu Versuchung)*

14. Die Nacht

1 Da Jesus geboren war zu Bethlehem im jüdischen
Lande zur Zeit des Königs Herodes, siehe, da kamen
Weise vom Morgenland nach Jerusalem und sprachen:
2 Wo ist der neugeborene König der Juden? Wir haben
seinen Stern gesehen im Morgenland und sind ge-
kommen, ihn anzubeten.
3 Da das der König Herodes hörte, erschrak er und mit
ihm das ganze Jerusalem
4 und ließ versammeln alle Hohepriester und Schrift-
gelehrten unter dem Volk und erforschte von ihnen, wo
der Christus sollte geboren werden.
5 Und sie sagten ihm: Zu Bethlehem im jüdischen Lan-
de; denn also steht geschrieben durch den Propheten
(Micha 5, 1):
6 "Und du Bethlehem im jüdischen Lande bist mit-
nichten die kleinste unter den Städten in Juda; denn
aus dir soll mir kommen der Herzog, der über mein
Volk Israel ein Herr sei."
7 Da berief Herodes die Weisen heimlich und erkun-
dete mit Fleiß von ihnen, wann der Stern erschienen
wäre,
8 und wies sie nach Bethlehem und sprach: Ziehet hin
und forschet fleißig nach dem Kindlein; und wenn ihr 's
findet, so sagt mir 's wieder, daß ich auch komme und
es anbete.
9 Als sie nun den König gehört hatten, zogen sie hin.
Und siehe, der Stern, den sie im Morgenland gesehen
hatten, ging vor ihnen hin, bis daß er kam und stand
oben über, wo das Kindlein war.

10 Da sie den Stern sahen, wurden sie hoch erfreut
11 und gingen in das Haus und fanden das Kindlein mit
Maria, seiner Mutter, und fielen nieder und beteten es
an und taten ihre Schätze auf und schenkten ihm Gold,
Weihrauch und Myrrhe.
12 Und Gott befahl ihnen im Traum, daß sie nicht sollten wieder zu Herodes gehen, und sie zogen auf einem anderen Weg wieder in ihr Land.

(Neues Testament, Matthäus Evangelium, Kapitel 2, Vers 1-12, Die Weisen aus dem Morgenland)

Es war eine Zeit der kalten Herzen. Die meisten Menschen besaßen zu wenig, um es mit anderen zu teilen oder etwas davon abzugeben. Eher mißtrauisch und verteidigungsbereit war auch niemand mehr recht fähig zu Entgegenkommen und Gastfreundschaft. Selbst die großen Herbergen in den Handelszentren entlang der Reiserouten aus aller Welt waren mindestens maßlos überteuert und kamen nicht selten Hauptquartieren organisierter Wegelagerer gleich, so daß reisenden Händlern wie mir und meinen beiden Mitstreitern Bashir und Obinna gut geraten war, die Hauptwege und Zentren immer wieder zu umgehen, wenn wir mit unserer Ware ans Ziel kommen und mit unserem Gewinn heil wieder zurückkehren wollten.

Wie befremdlich, beängstigend waren doch die kargen und öden Regionen Palästinas zum Beispiel, die wir auf unseren Handelsreisen zu durchqueren hatten, im Gegensatz zu den zivilen Gegenden unseres Heimatlandes. Und nur kultivierte Menschen wie wir können ermessen, welche Entbehrungen und Gefahren mit Geschäften wie unseren Hand in Hand gingen. So war man schon glücklich, auf den Abwegen durch die Ödlande und Wüsten auf einen wilden Dattelhain oder eine Felsformation zu stoßen, die wenigstens ein wenig Schatten und Schutz für die Errichtung eines Lagers und das Entfachen eines wärmenden Feuers und eine wenn auch unvollständige Deckung vor dem ewig gleichströmenden Wüstenwind bot, der seine unangenehmsten Eigenschaften erst bei Einbruch der Dunkelheit bei zunehmender Kälte entfaltete.

Es war Obinna, einer meiner beiden Freunde und Partner, der wie oft im dämmrigen Licht des Abendscheins eine geeignete Stelle in der Ödlandschaft unendlicher Sanddünen und karger Vegetation ausmachte. Obinna, ein freigekaufter Sklave und Händler, ein Philosoph und Freigeist wie auch ich und Bashir, hatte uns beiden die Geschicklichkeit voraus, sich auch in fremdesten Gegenden zurechtzufinden und zielstrebig das jeweils Erforderliche zu tun oder zu vermeiden.

Erst als wir unseren zum Nachtlager erwählten Platz erreicht hatten, konnten wir erkennen, daß es sich um die Ruine eines verlassenen Hauses handelte, das allem Anschein nach vollends niedergebrannt war. Das kleine Nebengebäude, ein ehemaliger Stall offenbar, schien nicht minder zerstört zu sein, die Überdachung fehlte zum großen Teil und die lehmverschmierten Wände gaben dem Wind mehr Wege frei als sie versperrten.

In der unmittelbaren Umgebung raschelten und rauschten die Überreste einer vertrockneten Vegetation im immer wachen Wüstenwind. Vielleicht war dieses Haus einmal eine Herberge gewesen, sicher kein Gehöft, und hatte den neueren Handelswegen indessen seinen Tribut gezollt. In der fast zur Dunkelheit gediehenen Dämmerung hatten wir alle den Eindruck, daß dieser Ort ein wenig in einer Senke lag, geradezu ideal dafür, um Schutz für eine Nacht zu suchen.

Schnell hatten wir entschieden, uns in die Überreste des Stalles zurückzuziehen, nicht ohne noch zuvor genug Brennholz aufzulesen, um unser Lagerfeuer dann vor einer ausreichend gut erhaltenen Stallnische zu entzünden und uns daran niederzulassen.

Das Dromedar und die beiden Esel unserer Kleinstkarawane befestigten wir notdürftig mit langen Stricken an ehemals tragenden Balken ohne Last und überließen sie ihren Träumen. Die Waren und unsere Vorräte stapelten wir hinter uns an die Wand und hatten das Feuer gerade noch zum Lodern gebracht, bevor die Nacht ganz hereinbrach. Nicht nur wegen des kristallklaren Sternenhimmels empfanden wir diese Nacht als besonders kalt. Frosteinbrüche waren in dieser Region und zu dieser Zeit so ungewöhnlich nicht.

Noch nicht in unsere Decken zum Schlafen eingerollt und doch am Ende unserer kleinen Notmahlzeit aus Datteln und gedörrtem Fleisch, das wir mit abgestandenem Wasser aus unseren eigenen Vorräten herunterspülten, wurden wir durch die Unruhe unserer Tiere aufgeschreckt.

Drei oder vier erbärmlich gekleidete Gestalten traten in den Schein des Feuers, und Obinna fragte sie sofort mit respekteinflößendem Grollen in der Stimme, was denn ihr Begehr sei. Einen Augenblick standen sie einfach nur da, schweigend. Es war ihnen anzusehen, daß sie weder Unterkunft noch Herberge, weder Haus noch Zelt hatten, um vor der Kälte und dem zehrenden Wind zu fliehen. Zelt- und hauslose Menschen allerdings waren in dieser Zeit keine Seltenheit und sie hielten sich vorzugsweise außerhalb der Dörfer an entlegenen Orten auf, denn das Mißtrauen und die Grausamkeit der Besitzenden waren oft schlimmer als der Tod und die Arme des Hungers oder der Kälte.

"Vielleicht", sprach Bashir, um keinen Zwist aufkommen zu lassen und weil es die Art der Händler war, Kompromisse zu finden, "vielleicht könnt ihr euch mit an unserem Feuer erwärmen. Vorräte und Wasser können wir nicht teilen, wir müßten dann unsere Reise abbrechen. Im Namen der gnädigen Natur also, setzt euch doch nieder auf der gegenüberliegenden Seite."

Die Menschen rührten sich nicht und ihr Schweigen ließ eine neue Spannung aufkommen. Ich hatte bereits die Hand am Griff meines Dolches, als uns einer der Schweigenden seinen Rücken zukehrte und in die Dunkelheit hineinsprach. Dann traten die Leute etwas auseinander und wie durch ein Tor trat eine junge Frau, fast selbst noch ein Kind, mit einem Säugling auf dem Arm in das Licht. Obinna atmete tief durch, und ich entspannte mich.

Es gab keine Frage mehr, wir winkten die junge Mutter zusammen mit ihren Freunden oder Verwandten zu uns heran und luden sie nunmehr ein, um das Feuer herum Platz zu nehmen. Die Frau zögerte nicht und setzte sich zu uns. Einer der Freunde hob seine Stimme und sprach: "Habt Dank, edle Herren, aber es genügt, wenn Sie das Kind und seine Mutter für die Nacht in Ihre Obhut nehmen. Sie wurde aus ihrem Dorf verstoßen und ist völlig schutzlos der Wildnis und der Kälte ausgeliefert. Wir dagegen leben schon immer mit unseren Ziegen und Hunden in dieser Gegend und wissen gut damit umzugehen. Eine Mutter mit ihrem gerade geborenen Kind allerdings können wir nicht eine Nacht wärmen und schützen. Unser Wunsch war es nur, euch darum zu bitten."

Sie drückte ihr Baby fest an sich, nachdem sie sich auf ihrem Platz zwischen uns ein wenig eingefunden hatte. Aber auch hier fror das kleine Kind und wimmerte leise. Ob sie denn kein Bettchen oder eine Wiege hätte, in der das Baby warm verpackt seine Ruhe und seinen Schlaf finden könne, wollte Bashir wissen.

Die junge Frau verneinte stumm, und als hätten die abziehenden, hauslosen Gesellen mit ihren Tieren dieses leise Zwiegespräch vernommen, kehrte einer von ihnen noch einmal zurück und meinte, es müsse in dieser Stallruine einen kleinen Futterkasten geben, mit dessen Hilfe draußen wie drinnen, als die Herberge seinerzeit in Betrieb war, die Reit- und Zugtiere gefüttert wurden. Er nahm eine Fackel und verschwand.

Wenig später kehrte er mit einer kleinen Holzkiste zurück, die sicher auch einmal für Fütterungszwecke geeignet gewesen sein mochte. Er schlug die leere Kiste heftig mit dem Innenrand auf den Boden, als wolle er sie entstauben. Er hätte noch, meinte er, etwas Heu und Reisig bei seinen Ziegen, damit könne die Kiste in ein Bettchen umgewandelt werden, und das eine oder andere warme Tuch ließe sich wohl finden. Wie sollten wir, sonst nur mit aller gebotenen Vorsicht an Handel- und Vorteilsstreben gewöhnt, da anders reagieren, als den freundlichen Ziegenhirten und seine Freunde schließlich auch an unser Feuer zu bitten, um sie mit unserer guten Sitte von Gastfreundschaft zu überraschen.

Da lag es nun, das Kind, in seinem neuen Bett und war längst eingeschlafen, als wäre es durch das zufriedene Kauen und Flüstern der Menschen und Tiere, mit denen wir jetzt unsere Vorräte teilten, endlich zur Ruhe gekommen.

Ich muß gestehen, eine so warme und anheimelnde Gesellschaft habe ich danach auch nie wieder erlebt. Der kalte Sternenhimmel über uns hatte seine ferne Bedrohlichkeit vollständig eingebüßt, und die Mühe jedes einzelnen Menschen an dem Feuer zwischen den Wänden eines zerfallenen Stalles, das Wohlbefinden und die Gemütlichkeit durch kleine Zugaben, Aufmerksamkeiten und Handreichungen zu steigern und zu verbessern, war beispiellos. Niemand wollte und konnte in dieser Nacht schlafen aus Furcht, auch nur die kleinste Begebenheit unseres Zusammenseins zu versäumen. Später kamen noch einige Leute aus dem nahen Dorf dazu, und sie beschenkten uns und das Kind überreich mit Speisen, Kleidern und ihrer Gesellschaft.

Von diesem Ort und dieser Nacht, das wußten wir, würde noch lange gesprochen werden.

Über den Autor

Helmut Barthel, geboren 1951 in Hamburg, schreibt seit seinem achten Lebensjahr. Sein beeindruckendes Werk umfaßt heute weit mehr als 1000 Gedichte, veröffentlicht in sieben Lyrik-Bänden, und zwei Serien von über 100 Kurzerzählungen mit Episoden über den "Zimmermann in der Wüste" und über den "Vollerwachten". Die schon früh entstandenen kurzen Social- und Science-Fiction, fantastischen und politisch-satirischen Erzählungen in "Ein Tag wie morgen" sowie der Band "Fabulate" mit Randbemerkungen in zeitkritischen Prosabildern vermitteln einen ergänzenden Einblick in das breite erzählerische Spektrum des Autors. 2015 erschien der erste Teil der Roman-Trilogie "Zauber kalt - Ein Märchen für Erwachsene", "Bari in Inari", 2020 der zweite Teil "Die wilde Jagd".

1982 gründete Helmut Barthel den MA-Verlag. Er ist Chefredakteur des Online- und Printmagazins *Schattenblick*, ein Imprint des Verlags, und schreibt nachhaltige Fachartikel in den Bereichen Politik, Kultur und Philosophie. Seine Leidenschaft gilt der deutschen Sprache, besonders in verdichteter Gestalt.

Der Vollerwachte

aber widersprach und sagte ...

von Helmut Barthel

Unnahbar geht der Erhabene seinen Weg und hinterläßt ganz nebenbei bedenkenswerten Rat und erfrischende Worte zu allzeit aktuellen und grundlegenden Lebensfragen und spirituellen Rätseln. In stets zugewandten, virtuellen Disputen wendet er sich mit lebenspraktischem Blick gegen die Einseitigkeit fundamentaler Wahrheiten und tritt kompromißlos der Vormacht aller Schmerzen und dem Spcktrum aller Leiden entgegen.

Ein Lesevergnügen eben nicht nur für die Vertreter der diversen Glaubensrichtungen.

Helmut Barthel

Der Vollerwachte

aber widersprach und sagte ...

Paperback, Preis 9,90 €

ISBN 978-3-925718-28-1

Helmut Barthel

Fabulate

Randbemerkungen in zeitkritischen Prosabildern

Die Themen dieser Sammlung entstammen einem breiten Spektrum von Politik und Gesellschaft über Ökonomie, Medien, Repression, Umwelt, Klima und Katastrophen bis hin zu Sozialem, Philosophischem und Kulturellem. Der Autor nimmt Stellung zur Qualifikation von Raub und Zerstörung vom Anbeginn der Menschheitsgeschichte bis in die Gegenwart. Die punktuelle Präsentation seiner Sichtweise regt an, die Gedanken fortzusetzen. Kleine Anlässe fördern überraschend weit über das Problem hinausgehende Fragen zutage.

Paperback, Seitenanzahl 284
Preis 12,00 €
ISBN/EAN: 978-3-925718-40-3

Helmut Barthel

Ein Tag wie morgen

Kleine Geschichten

- Der Gau
- Gleiches Licht für alle
- Die Idiotenwiese
- Komm du
- Warum ist Bodhidharma nach China gekommen?
- Die Nacht
- Langeweile
- Um 10:00 Uhr irgendwo in Deutschland
- Firmenkondolenz

Paperback, Preis 9,00 €
ISBN/EAN: 978-3-925718-37-3

Helmut Barthel

Lyrik-Lesung

im Kulturcafé Komm du, Hamburg-Harburg

Band 1 bis 5

Band 1, Paperback, 198 Seiten, 12,80 €
ISBN 978-3-925718-29-8

Band 2, Paperback, 146 Seiten, 10,90 €
ISBN 978-3-925718-30-4

Band 3, Paperback, 190 Seiten, 12,50 €
ISBN 978-3-925718-31-1

Band 4, Paperback, 124 Seiten, 10,00 €
ISBN 978-3-925718-32-8

Band 5, Paperback, 198 Seiten, 12,80 €
ISBN 978-3-925718-33-5

Helmut Barthel

Dichterstube – Kehricht

Lyrik & Poesie

Band 1 und 2

Band 1, Paperback, 272 Seiten, 12,90 €
ISBN 978-3-925718-26-7

Band 2, Paperback, 188 Seiten, 10,90 €
ISBN 978-3-925718-27-4

Zauber kalt

Ein Märchen für Erwachsene

von Helmut Barthel

Teil 1 - **Bari in Inari**

Folgt mir nun auf die Reise in eine ferne Vergangenheit, die der Zukunft doch so nahe ist wie die Worte, die ich gebrauchen werde, um Euch die Begebenheiten meiner Wanderschaft an die Quellen der Zauberei zu erzählen.

Teil 2 - **Die wilde Jagd**

Lasst uns nun weiter zusammenrücken und uns fortbewegen auf einer längst begonnenen Reise entlang der Pfade grenzwertiger Geschehnisse, direkt auf die Folgen lebens- und wirklichkeitsverändernder Konsequenzen zu.

Teil 3 - **Wirklich kalt**

Folgt in Kürze ...